ホライゾンジャパンインターナショナルスクール横浜校

体育館

外観南面鳥瞰

外観北面

1階メディアカフェ

上｜音楽教室　下｜3階ホール

所 在 地　横浜市神奈川区
用　　途　各種学校
施　　工　建築：工藤建設
　　　　　電気：新興電設工業
　　　　　機械：南設備工業
構造・規模　RC造　地上3階
延 床 面 積　6,416㎡
竣　　工　2019年
撮　　影　アトリエ飯島
備　　考　設計：工藤建設（設計協力）

戸塚区休日急患診療所

待合室

所　在　地　横浜市戸塚区
用　　　途　休日急患診療所・医師会館
施　　　工　大洋建設
構造・規模　S造　地上3階
延 床 面 積　1,133㎡
竣　　　工　2016年
撮　　　影　AD GRAPHIC

外観南東面

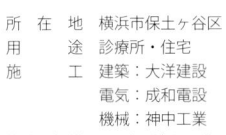

青木整形外科

1階待合・受付

所　在　地　横浜市保土ヶ谷区
用　　　途　診療所・住宅
施　　　工　建築：大洋建設
　　　　　　電気：成和電設
　　　　　　機械：神中工業
構造・規模　RC造　地上3階
延 床 面 積　293㎡
竣　　　工　2016年

外観南西面

福祉施設
Welfare

医療施設
Medical

住宅・集合住宅
Housing・Apartment

豊潤なまちづくりをめざして

30th
EST.1991

アーキテクト・
アソシエイツ・
ヨコハマ

学校（幼稚園など）
School（Kindergarten）

公共・文化・商業・生産・他
Public・Cultural・Commercial・Production・Others

港北区休日急患診療所

外観北東面

外観見上げ

所　在　地　横浜市港北区
用　　　途　休日急患診療所・医師会館
施　　　工　建築：小雀建設
　　　　　　電気：東電同窓電気
　　　　　　機械：ニッセツ
構造・規模　RC造　地上2階
延 床 面 積　735㎡
竣　　　工　2017年
撮　　　影　アトリエ飯島

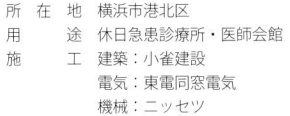

上｜待合室　下｜エントランスホール

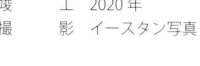

シバックス新D棟（二期棟）

所　在　地　横浜市都筑区
用　　　途　開発センター
施　　　工　建築：ニッケン建設
　　　　　　電気：ナトリ電設
　　　　　　機械：富士設備、東芝テクノシステム
構造・規模　S造　地上5階
延 床 面 積　2,539㎡
竣　　　工　2020年
撮　　　影　イースタン写真

1階エントランスホール

外観南西面鳥瞰

外観エントランス夜景

特別養護老人ホーム
愛成苑

所　在　地　横浜市瀬谷区
用　　　途　介護老人福祉施設
施　　　工　建築：相鉄建設・大洋建設JV
　　　　　　電気：東電同窓電気
　　　　　　機械：山本電気水道

構造・規模　RC造　地上3階
延 床 面 積　5,262㎡
竣　　　工　2009年
撮　　　影　エスエス東京支店

外観南西面

上｜壁面緑化ディテール　下｜中庭

あーす保育園 戸塚 Annex

所 在 地　横浜市戸塚区
用　　途　保育所
施　　工　小雀建設
構造・規模　W造　地上2階
延床面積　225㎡
竣　　工　2020年
撮　　影　アトリエ飯島

外観北西面

たまプラーザ小桜愛児園

所 在 地　横浜市青葉区
用　　途　保育所
施　　工　工藤建設
構造・規模　RC造
　　　　　地上4階
延床面積　1,078㎡
竣　　工　2018年
撮　　影　アトリエ飯島
備　　考　設計：工藤建設
　　　　　（設計協力）

上｜外観西面　下｜2階保育室

あけぼの保育園

所 在 地　横浜市戸塚区
用　　途　保育所
施　　工　藤崎建業
構造・規模　W造　平屋
延床面積　490㎡
竣　　工　2018年
撮　　影　エスエス東京支店

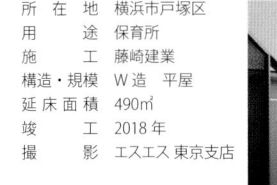

上｜中庭　下｜保育室

外観南面

横浜山手中華学校

所 在 地　横浜市中区
用　　途　各種学校・保育所・幼稚園
施　　工　建築：鹿島建設
　　　　　電気：振興電気
　　　　　機械：池田煖房工業

構造・規模　RC造　地上7階
延床面積　10,668㎡
竣　　工　2010年
撮　　影　ナカサアンドパートナーズ
備　　考　基本設計・設計監修

上｜外観南面　下｜3層吹き抜けのメディアセンター

FUJIKYU10

所　在　地　横浜市青葉区
用　　　途　集合住宅・店舗
施　　　工　工藤建設
構造・規模　RC造　地下1階、地上6階
延 床 面 積　3,945㎡
竣　　　工　2014年
撮　　　影　アトリエ飯島
備　　　考　設計：工藤建設（設計協力）

上｜エントランスアプローチ夕景　下｜外観東北面

フクダライフテック横浜

所　在　地　横浜市港北区　　構造・規模　RC造　地上4階
用　　　途　事務所　　　　　延 床 面 積　3,090㎡
施　　　工　建築：工藤建設　竣　　　工　2020年
　　　　　　電気：共栄社　　撮　　　影　アトリエ飯島
　　　　　　機械：南設備工業　備　　　考　設計：工藤建設（設計協力）

外観南西面

特別養護老人ホーム
泉の郷日野南

所　在　地　横浜市港南区　　構造・規模　RC造　地上4階
用　　　途　介護老人福祉施設　延 床 面 積　4,842㎡
施　　　工　建築：工藤建設　竣　　　工　2021年
　　　　　　電気：荒井電業社　撮　　　影　アトリエ飯島
　　　　　　機械：モリヤ総合設備

上｜外観南西面　下｜3階かわせみ共同生活室

新宿熊野神社参集殿

所　在　地　東京都新宿区　　構造・規模　S造　地上3階
用　　　途　神社　　　　　　延 床 面 積　426㎡
施　　　工　建築：佐藤秀　　竣　　　工　2015年
　　　　　　電気：青木電機工業所
　　　　　　機械：リーブス

上｜外観南西面
下｜1階エントランスホール

港南はるかぜⅠ～Ⅲ期

所　在　地　横浜市港南区
用　　　途　保育所
施　　　工　建築：スルガコーポレーション（Ⅰ・Ⅱ期）、
　　　　　　　　　　キクシマ（Ⅲ期）
　　　　　　電気：誠進電業社（Ⅰ・Ⅱ期）、電協社（Ⅲ期）
　　　　　　機械：西村設備工業（Ⅰ期）、
　　　　　　　　　　昭和工業（Ⅱ期）、正和工業（Ⅲ期）

構造・規模　RC造一部W造
　　　　　　地上2階
延床面積　1,053㎡
竣　　　工　2000年（Ⅰ期）
　　　　　　2002年（Ⅱ期）
　　　　　　2005年（Ⅲ期）
撮　　　影　フジヒラ フォト オフィス

外観南面（Ⅰ期）

特別養護老人ホーム
第2新横浜パークサイドホーム

所　在　地　横浜市港北区
用　　　途　介護老人福祉施設
施　　　工　建築：松尾工務店
　　　　　　電気：東邦電設
　　　　　　機械：エルゴテック
構造・規模　SRC造　地上9階
延床面積　5,945㎡
竣　　　工　2013年

外観北西面

鎌倉小町通り第1長谷川ビル

所　在　地　神奈川県鎌倉市
用　　　途　店舗
施　　　工　建築：斉藤建設
　　　　　　電気：後上電設
　　　　　　機械：原管工

構造・規模　S造　地上3階
延床面積　297㎡
竣　　　工　2018年
撮　　　影　高橋写真事務所

外観南西面

三保小学校放課後キッズクラブ

所　在　地　横浜市緑区
用　　　途　学校
施　　　工　建築：菅野建設
　　　　　　電気：強電プラント工事
　　　　　　機械：三誠ジューキ

構造・規模　W造　地上2階
延床面積　151㎡
竣　　　工　2018年

外観北面

特別養護老人ホーム
新磯子ホーム

所　在　地　横浜市磯子区
用　　　途　介護老人福祉施設
施　　　工　建築：渡辺組
　　　　　　設備：山本電気水道
構造・規模　RC造
　　　　　　地下1階、地上4階
延床面積　6,246㎡
竣　　　工　2007年
撮　　　影　エスエス 東京支店

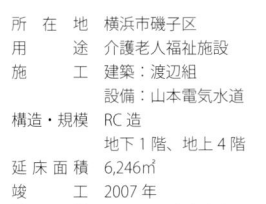

上｜吹き抜け状の中庭　下｜外観北東面鳥瞰

A社社宅

所　在　地　東京都江東区
用　　　途　集合住宅
施　　　工　大本組
構造・規模　SRC造
　　　　　　地上14階
延床面積　4,550㎡
竣　　　工　1994年
備　　　考　設計：大本組
　　　　　　（設計協力）

外観南西面

特別養護老人ホーム
リアメゾン戸塚

外観北西面

所　在　地　横浜市戸塚区
用　　　途　介護老人福祉施設
施　　　工　建築：松尾工務店
　　　　　　電気：東邦電設
　　　　　　機械：エルゴテック
構造・規模　RC造　地上4階
延 床 面 積　5,571㎡
竣　　　工　2014年
撮　　　影　エスエス東京支店

特別養護老人ホーム
ウェルフェアリビング

外観南西面

所　在　地　横浜市泉区
用　　　途　介護老人福祉施設
施　　　工　建築：三木組
　　　　　　電気：カネマキ電気
　　　　　　機械：エルゴテック
構造・規模　RC造　地上4階
延 床 面 積　7,196㎡
竣　　　工　2010年
撮　　　影　フジヒラフォトオフィス

特別養護老人ホーム
グリーンライフ

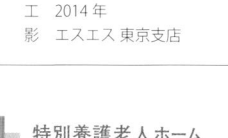

外観南東面

所　在　地　横浜市旭区
用　　　途　介護老人福祉施設
施　　　工　建築：JFE工建
　　　　　　電気：中電工
　　　　　　機械：日立電子サービス
構造・規模　RC造
　　　　　　地下1階、地上2階
延 床 面 積　5,748㎡
竣　　　工　2007年
撮　　　影　ボールド・グラフィック・プロジェクト

特別養護老人ホーム
いずみ芙蓉苑

外観北西面

所　在　地　横浜市泉区
用　　　途　介護老人福祉施設
施　　　工　建築：鹿島建設
　　　　　　電気：関電工
　　　　　　機械：西原衛生工業所、
　　　　　　　　　新菱冷熱工業
構造・規模　RC造　地上3階
延 床 面 積　3,708㎡
竣　　　工　1997年
撮　　　影　スタジオ遠山

有料老人ホーム
ベストライフ
大和中央

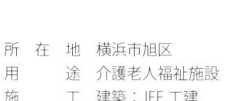

外観南東面

所　在　地　神奈川県大和市
用　　　途　介護老人福祉施設
施　　　工　建築：大和ハウス工業
　　　　　　電気：横浜第一電設
　　　　　　機械：テクノ菱和
構造・規模　S造　地上4階
延 床 面 積　2,588㎡
竣　　　工　2011年

有料老人ホーム
ベストライフ油壷

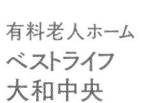

外観南面

所　在　地　神奈川県三浦市
用　　　途　介護老人福祉施設
施　　　工　建築：株木建設
　　　　　　電気：横浜第一電設
　　　　　　機械：テクノ菱和
構造・規模　RC造　地上4階
延 床 面 積　2,717㎡
竣　　　工　2011年

有料老人ホーム
アースサポート
クオリア仙台大和町

外観南面

所　在　地　仙台市若林区
用　　　途　介護老人福祉施設
施　　　工　建築：松井建設
　　　　　　電気：隼電気
　　　　　　機械：斎久工業
構造・規模　RC造　地上7階
延 床 面 積　5,426㎡
竣　　　工　2013年

有料老人ホーム
サニーステージ
玉川学園

外観南東面

所　在　地　東京都町田市
用　　　途　介護老人福祉施設
施　　　工　建築：大和システム
　　　　　　電気：横浜第一電設
　　　　　　機械：テクノ菱和
構造・規模　S造　地上3階
延 床 面 積　2,589㎡
竣　　　工　2009年

有料老人ホーム
ツクイ・サンシャイン
保土ヶ谷

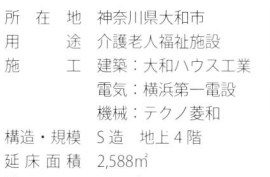

外観南西面

所　在　地　横浜市保土ヶ谷区
用　　　途　介護老人福祉施設
施　　　工　建築：大和システム
　　　　　　電気：九電工
　　　　　　機械：テクノ菱和
構造・規模　RC造　地上5階
延 床 面 積　4,758㎡
竣　　　工　2003年

福祉複合施設
NPOうてな

外観南東面

所　在　地　東京都小金井市
用　　　途　介護老人福祉施設
施　　　工　建築：スルガコーポレーション
　　　　　　電気：牧野電設
　　　　　　機械：ライクス
構造・規模　S造　地上4階
延 床 面 積　921㎡
竣　　　工　2010年
撮　　　影　フジヒラフォトオフィス

介護老人保健施設 神奈川苑

外観北東面

```
所 在 地  横浜市神奈川区
用   途  介護老人福祉施設
施   工  建築：五洋建設・
          JFE工建 JV
          電気：ユアテック
          機械：新菱冷熱工業
構造・規模  RC造 地上4階
延 床 面 積  4,815㎡
竣   工  2006年
撮   影  エスエス 東京支店
```

介護老人保健施設 うららの里

外観南西面

```
所 在 地  横浜市戸塚区
用   途  介護老人福祉施設
施   工  建築：松尾工務店
          電気：六興電気
          機械：テクノ菱和
構造・規模  RC造 地上4階
延 床 面 積  5,465㎡
竣   工  2002年
```

グループホーム すずの家 さがみはら

外観南東面

```
所 在 地  相模原市南区
用   途  介護老人福祉施設
施   工  建築：櫻内工務店
          電気：谷合電機
          機械：小池設備
構造・規模  W造 地上2階
延 床 面 積  941㎡
竣   工  2020年
```

グループホーム ヴィラ愛成

外観南面

```
所 在 地  神奈川県大和市
用   途  介護老人福祉施設
施   工  建築：キクシマ
          電気：平野電気
          機械：テクノ菱和
構造・規模  S造 地上3階
延 床 面 積  753㎡
竣   工  2012年
撮   影  45g photography
```

デイサービスセンター グリーンライフ湘南台

外観北西面

```
所 在 地  神奈川県藤沢市
用   途  介護老人福祉施設
施   工  工藤建設
構造・規模  RC造 地上3階
延 床 面 積  1,034㎡
竣   工  2016年
撮   影  アトリエ飯島
```

老人短期入所施設 すいらん

外観南西面

```
所 在 地  横浜市港北区
用   途  介護老人福祉施設
施   工  建築：山岸建設
          電気：シンデン
          機械：川本工業
構造・規模  RC造
          地下1階、地上2階
延 床 面 積  2,211㎡
竣   工  2000年
撮   影  スタジオ遠山
```

あーす保育園 鶴見中央

2階保育室

```
所 在 地  横浜市鶴見区
用   途  保育所
施   工  建築：菅野建設
          電気：エーステクノ
          機械：大橋水道、
          三和工業
構造・規模  S造 地上3階
延 床 面 積  322㎡
竣   工  2021年
撮   影  アトリエ飯島
```

あっぷるキッズ 青葉台

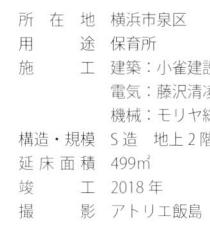
外観北西面

```
所 在 地  横浜市青葉区
用   途  保育所
施   工  建築：小雀建設
          電気：藤沢清陵電設
          機械：ビオン工業
構造・規模  S造 地上3階
延 床 面 積  429㎡
竣   工  2017年
撮   影  アトリエ飯島
```

泉の郷保育園 かみいいだ

```
所 在 地  横浜市泉区
用   途  保育所
施   工  建築：工藤建設
          電気：成電社
          機械：モリヤ総合設備
構造・規模  S造 地上3階
延 床 面 積  714㎡
竣   工  2020年
撮   影  アトリエ飯島
```
外観南東面

泉の郷保育園 なかだ

```
所 在 地  横浜市泉区
用   途  保育所
施   工  建築：小雀建設
          電気：藤沢清凌電設
          機械：モリヤ総合設備
構造・規模  S造 地上2階
延 床 面 積  499㎡
竣   工  2018年
撮   影  アトリエ飯島
```
外観南面

大岡
はるかぜ保育園

所 在 地 横浜市南区
用 途 保育所
施 工 建築：キクシマ
電気：平野電気
機械：永光エンジニア
リング
構造・規模 S造 地上2階
延床面積 826㎡
竣 工 2019年
撮 影 森 日出夫

外観南西面

屏風ヶ浦
はるかぜ保育園

所 在 地 横浜市磯子区
用 途 保育所
施 工 建築：大洋建設
電気：ダイナナ
機械：ワールドエンジ
ニアリング
構造・規模 S造 地上2階
延床面積 632㎡
竣 工 2013年
撮 影 アトリエ飯島

上大岡
はるかぜ保育園

所 在 地 横浜市港南区
用 途 保育所
施 工 建築：キクシマ
電気：平野電気
機械：テクノ菱和
構造・規模 S造 地上2階
延床面積 728㎡
竣 工 2012年
撮 影 45g photography

外観南面

旭
はるかぜ保育園

所 在 地 横浜市旭区
用 途 保育所
施 工 建築：キクシマ
電気：共栄社
機械：テクノ菱和
構造・規模 RC造 地上2階
延床面積 774㎡
竣 工 2009年
撮 影 斉藤写真事務所

外観南西面

保育園小紅

所 在 地 横浜市中区
用 途 保育所
施 工 川上工務店
構造・規模 RC造 地上7階
（内、1階部分）
延床面積 441㎡
竣 工 2017年

1階保育室

鶴見
すずらん保育園

所 在 地 横浜市鶴見区
用 途 保育所
施 工 建築：渡辺組
電気：永光エンジニア
リング
機械：扶桑電機
構造・規模 RC造 地上3階
延床面積 1,273㎡
竣 工 2013年
撮 影 須藤写真事務所

外観南面

ヨコハマ
きぼう保育園

所 在 地 横浜市中区
用 途 保育所
施 工 建築：キクシマ
電気：共栄社
機械：テクノ菱和
構造・規模 S造 地上3階
延床面積 868㎡
竣 工 2012年

外観南面

ヨコハマ
さくら保育園

所 在 地 横浜市鶴見区
用 途 保育所
施 工 建築：ハナサン
電気：阿部電業
機械：双葉工業、
安藤空調サービス
構造・規模 RC造 地上3階
延床面積 823㎡
竣 工 2003年
撮 影 エスエス東京支店

外観南東面

ふたば幼稚園

所 在 地 横浜市戸塚区
用 途 幼稚園
施 工 建築：小雀建設
電気：東電同窓電気
機械：須賀工業
構造・規模 S造 地上2階
延床面積 1,760㎡
竣 工 2013年
撮 影 アトリエ飯島

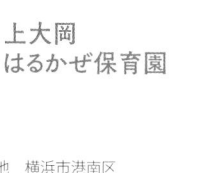

外観南西面

別所
コミュニティハウス

所 在 地 横浜市南区
用 途 集会所
施 工 建築：隅田建設
電気：須田電気商会
機械：柴田工務店
構造・規模 S造 平屋
延床面積 310㎡
竣 工 2012年

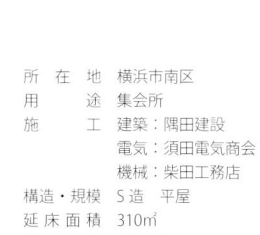

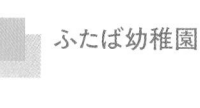
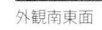

外観南西面

Y邸

所 在 地	横浜市神奈川区
用 途	一戸建て住宅
施 工	建築：佐藤秀
	電気：橋本電気
	機械：丹野設備工業所
構造・規模	RC造一部W造
	地下1階、地上2階
延 床 面 積	706㎡
竣 工	2016年
撮 影	バウハウス

外観南東面

M・Y邸

所 在 地	横浜市中区
用 途	一戸建て住宅
施 工	建築：三峰エンジニアリング
	電気：でんき屋KOYAMA
	機械：興和工業
構造・規模	RC造一部W造
	地下1階、地上3階
延 床 面 積	183㎡
竣 工	2005年
撮 影	助川貞義

外観南面

グレイシャスK

所 在 地	神奈川県藤沢市
用 途	共同住宅
施 工	建築：小雀建設
	電気：藤沢青陵電設
	機械：ニッセツ
構造・規模	RC造 地上7階
延 床 面 積	938㎡
竣 工	2016年

外観南面

平山邸

所 在 地	横浜市南区
用 途	一戸建て住宅
施 工	建築：三峰エンジニアリング
	電気：梅崎電設
	機械：興和工業
構造・規模	RC造
	地下1階、地上2階
延 床 面 積	138㎡
竣 工	2000年
撮 影	エスエス 東京支店

外観南西面

ステラ元町

所 在 地	横浜市中区
用 途	共同住宅
施 工	建築：小雀建設
	電気：藤沢清凌電設
	機械：ニッセツ
構造・規模	S造 地上5階
延 床 面 積	605㎡
竣 工	2014年

外観南面

スズキ自販神奈川 スズキアリーナ六角橋

所 在 地	横浜市神奈川区
用 途	店舗
施 工	建築：三木組
	電気：攻電社
	機械：エルゴテック
構造・規模	S造 地上4階
延 床 面 積	1,895㎡
竣 工	2021年

外観東南面

鎌倉小町通り 第2長谷川ビル

所 在 地	神奈川県鎌倉市
用 途	店舗
施 工	建築：斉藤建設
	電気：後上電設
	機械：原管工
構造・規模	S造 地上3階
延 床 面 積	234㎡
竣 工	2020年

外観北西面

美濃屋 あられ製造本舗

所 在 地	横浜市中区
用 途	工場・店舗
施 工	建築：安藤建設
	電気：坂本電気商会
	機械：イシケン
構造・規模	S造 地上2階
延 床 面 積	965㎡
竣 工	2018年
撮 影	スタジオ遠山

外観北西面

耀盛號

所 在 地	横浜市中区
用 途	店舗
施 工	民建
構造・規模	S造 地上3階
延 床 面 積	188㎡
竣 工	2016年

外観南東面

石川壱町内会館

所 在 地	横浜市中区
用 途	集会所
施 工	アベニール
構造・規模	W造 平屋
延 床 面 積	132㎡
竣 工	2016年

外観南西面

凡例

◑ 福祉施設

　 医療施設

◎ 住宅 / 集合住宅

◉ 学校（幼稚園など）

● 公共 / 文化 / 商業 / 生産…他

○1991年 ● KAMIOOKA-FLAT（横浜市港南区）

○1992年 ◎ M邸（横浜市神奈川区）

　　　　● ホテルながやま 吉亭（石川県加賀市）

○1994年 ◎ A社社宅（東京都江東区）

○1995年 ● 麻布館（東京都港区）

○1996年 ◎ H・I邸（神奈川県藤沢市）

○1997年 ◎ T邸（東京都世田谷区）

　　　　◑ 特別養護老人ホームいずみ芙蓉苑（横浜市泉区）

　　　　● 愛輪荘補修工事（静岡県伊東市）

○1998年 ● ホテルニューパレス（福島市会津若松市）

○1999年 ● 上大岡駅前Cブロック再開発計画完了（横浜市港南区）

　　　　● 野口英世青春通り景観協定地区・修景計画（福島市会津若松市）

　　　　◎ 大本組社宅（横浜市保土ヶ谷区）

　　　　● ステーキレストラン ロブリック（横浜市金沢区）

○2000年 ◑ 老人短期入所施設すいらん（横浜市港北区）

　　　　◉ 港南はるかぜ保育園 I期（横浜市港南区）

　　　　　 北川外科胃腸科医院（神奈川県横須賀市）

　　　　◎ 平山邸（横浜市南区）

○2001年 ◎ I邸（千葉県富津市）

○2002年 　 吉原クリニック（横浜市戸塚区）

　　　　◑ 介護老人保健施設うららの里（横浜市戸塚区）

　　　　◉ 港南はるかぜ保育園 II期（横浜市港南区）

○2003年 ◉ ヨコハマさくら保育園（横浜市鶴見区）

　　　　◑ デルニエK（神奈川県藤沢市）

　　　　◑ 有料老人ホーム ツクイ・サンシャイン保土ヶ谷（横浜市保土ヶ谷区）

　　　　● 横浜市鶴見区上市場西中町密集住宅地の防災まちづくり支援事業開始（横浜市鶴見区）

　　　　● 相沢小学校多目的スペース設置その他工事（横浜市瀬谷区）

　　　　● 横浜市神奈川区浦島町密集住宅地の防災まちづくり支援事業開始（横浜市神奈川区）

○2004年 ◑ 有料老人ホーム グランダ本藤沢（神奈川県藤沢市）

○2005年 ◑ グループホーム 日限山ホーム（横浜市港南区）

　　　　◑ 清徳会グループホーム横浜（横浜市神奈川区）

　　　　◉ 港南はるかぜ保育園 III期（横浜市港南区）

　　　　◎ M・Y邸（横浜市中区）

　　　　　 大矢部医療・福祉プラザ（神奈川県横須賀市）

　　　　● モトスミ・ブレーメン通り商店街リニューアル整備工事（川崎市中原区）

　　　　◑ 有料老人ホーム ツクイ・サンシャイン監修開始（全国）

○2006年 ◑ 有料老人ホーム ツクイ・サンシャイン岡谷（長野県岡谷市）

　　　　◑ 介護老人保健施設 神奈川苑（横浜市神奈川区）

　　　　◑ 有料老人ホーム ツクイ・サンシャイン三浦（神奈川県三浦市）

　　　　◑ 有料老人ホーム ツクイ・サンシャイン吉川（埼玉県吉川市）

　　　　◉ 犬の山幼稚園・第三園舎（横浜市栄区）

　　　　◑ 有料老人ホーム ツクイ・サンシャイン南巽（大阪市生野区）

○2007年 ◑ 有料老人ホーム ツクイ・サンシャイン大東（大阪府大東市）

　　　　◑ 特別養護老人ホーム グリーンライフ（横浜市旭区）

　　　　◑ 特別養護老人ホーム 新磯子ホーム（横浜市磯子区）

　　　　◑ 有料老人ホーム ツクイ・サンシャイン小田原（神奈川県小田原市）

　　　　◑ 有料老人ホーム ニチイケアセンターほりにし（神奈川県秦野市）

　　　　● 石川町まちづくり委員会活動支援開始（横浜市中区）

○2008年 ◑ 有料老人ホーム サニーステージ大和（神奈川県大和市）

○2009年 ◉ 旭はるかぜ保育園（横浜市旭区）＊P11

　　　　◑ 有料老人ホーム サニーステージ玉川学園（東京都町田市）

　　　　◑ 特別養護老人ホーム 愛成苑（横浜市瀬谷区）

○2010年 ◑ 特別養護老人ホーム ウェルフェアリビング（横浜市泉区）

　　　　◉ 横浜山手中華学校（横浜市中区）

　　　　◉ パンダ幼稚園（横浜市中区）

　　　　● 石川町駅自転車駐輪場（横浜市中区）

　　　　◑ 福祉複合施設NPOうてな（東京都小金井市）

○2011年 ◑ 有料老人ホーム ベストライフ油壷（神奈川県三浦市）

　　　　◉ くばがさ保育園コンバージョン（横浜市西区）

　　　　◑ 有料老人ホーム ベストライフ大和中央（神奈川県大和市）

○2012年 ● 別所コミュニティハウス（横浜市南区）

　　　　◉ 上大岡はるかぜ保育園（横浜市港南区）

　　　　◉ ヨコハマきぼう保育園（横浜市中区）

　　　　◑ グループホーム ヴィラ愛成（神奈川県大和市）

　　　　◑ ツクイデイサービス監修開始（全国）

　　　　　 二宮整形外科皮膚科コンバージョン（横浜市緑区）

　　　　● 旧住友邸庭園休憩施設・倉庫棟（横浜市戸塚区）

○2013年 ◑ 有料老人ホーム 第2新横浜パークサイドホーム（横浜市港北区）

　　　　◉ 鶴見すずらん保育園（横浜市鶴見区）

　　　　◉ 屏風ヶ浦はるかせ保育園（横浜市磯子区）

　　　　◑ 有料老人ホーム アースサポートクオリア仙台大和町（仙台市若林区）

　　　　● 石川町環境整備事業（横浜市中区）

　　　　◉ ふたば幼稚園（横浜市戸塚区）

　　　　◑ ツクイグループホーム監修開始（全国）

○2014年 ● ステラ元町（横浜市中区）

　　　　◑ 特別養護老人ホーム リアメゾン戸塚（横浜市戸塚区）

　　　　◑ ライムハウス戸塚 コンバージョン（横浜市戸塚区）

　　　　◑ FUJIKYU10（横浜市青葉区）

○2015年 ◑ サービス付き高齢者向け住宅 ツクイ・サンフォレスト監修開始（全国）

　　　　◎ ピッコログランデ新横浜 コンバージョン（横浜市港北区）

　　　　◎ 元町ハイツ リノベーション（横浜市中区）

　　　　　 かたの整形外科クリニック（横浜市緑区）

　　　　● 金沢八景駅東口土地区画整理事業仮設店舗（横浜市金沢区）

　　　　● 新宿熊野神社参集殿（東京都新宿区）

　　　　● 市場西中町自治会館（横浜市鶴見区）

○2016年 ● 石川壱町内会館（横浜市中区）

　　　　　 戸塚区 医師会館・休日急患診療所（横浜市戸塚区）

　　　　◑ デイサービスセンター グリーンライフ湘南台（神奈川県藤沢市）

　　　　◉ ダーウィンこどもアカデミー花之木（横浜市南区）

　　　　◑ 有料老人ホーム アースサポートクオリア仙台高砂（仙台市宮城野区）

　　　　◎ Y邸（横浜市神奈川区）

　　　　◎ グレイシャスK（神奈川県藤沢市）

　　　　　 青木整形外科（横浜市保土ヶ谷区）

　　　　◎ K邸（横浜市中区）

　　　　● セブンイレブン店舗設計開始（横浜市他）

　　　　● 耀盛號（横浜市中区）

○2017年 　 港北区 医師会館・休日急患診療所（横浜市港北区）

　　　　● 鳥浜町第2工場（横浜市金沢区）

　　　　◉ 保育園小紅（横浜市中区）

　　　　◉ あっぷるキッズ青葉台（横浜市青葉区）

　　　　◉ ハーバーキッズ保育園 関内・馬車道（横浜市中区）

○2018年 ◉ あけぼの保育園（横浜市戸塚区）

　　　　◉ たまプラーザ小桜愛児園（横浜市青葉区）

　　　　◉ 泉の郷保育園なかだ（横浜市泉区）

　　　　◉ 三保小学校放課後キッズクラブ（横浜市緑区）

　　　　● 美濃屋あられ製造本舗（横浜市中区）

　　　　● 金沢自然公園S-1変電室（横浜市金沢区）

　　　　● ね小町WING（鎌倉小町通り第1長谷川ビル）（神奈川県鎌倉市）

○2019年 ◉ ホライゾンジャパンインターナショナルスクール横浜校（横浜市神奈川区）

　　　　● 大和市桜森3丁目プロジェクト（神奈川県大和市）

　　　　◉ さくらの森保育園　分園（神奈川県大和市）

　　　　◉ 大岡はるかぜ保育園（横浜市南区）

　　　　◎ H邸（横浜市中区）

○2020年 ◑ 泉の郷保育園かみいいだ（横浜市泉区）

　　　　◑ グループホーム すずの家 さがみはら（相模原市南区）

　　　　◉ あーす保育園 戸塚Annex（横浜市戸塚区）

　　　　● フクダライフテック横浜（横浜市港北区）

　　　　● ね小町ANNEX（鎌倉小町通り第2長谷川ビル）（神奈川県鎌倉市）

　　　　● シバックス新D棟（横浜市都筑区）

○2021年 ◑ 特別養護老人ホーム泉の郷 日野南（横浜市港南区）

　　　　◑ 小規模多機能型居宅介護 花笑み愛成（横浜市泉区）

　　　　● スズキ自販神奈川　スズキアリーナ六角橋（横浜市神奈川区）

　　　　◉ あーす保育園 鶴見中央（横浜市鶴見区）

　　　　● 大船駅北第二地区市街地市開発事業自転車駐車場（神奈川県鎌倉市）

□木造密集住宅地について（未接道敷地の建て替え）

横浜市内に残る木造密集住宅地では、2m以上の道路に接しない「未接道敷地」が多く存在し、建て替えが進まず防災上の課題があります。

中華街周辺にて街区内の内側（アンコ部分）の敷地を当社と不動産会社の㈱三峰と協働しながら建築基準法第43条第2項第2号（旧、但し書き空地（空地巾員90cmを道路とみなす））を利用し、段階的に建て替えを進めています。

◇広域案内図　　　◇見取図

● …未接道敷地　　　● …未接道敷地

◇従前

大通りに面した老朽化した6階建て商業ビル脇の路地の奥に老朽化した木造の住宅が密集している。

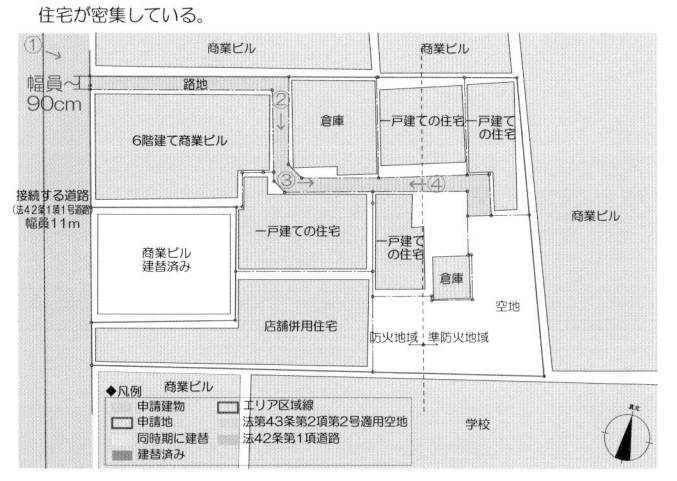

◇第一期

6階建商業ビルの減築建て替え（2階建て）に合わせて、奥の住宅の建て替えを実施。

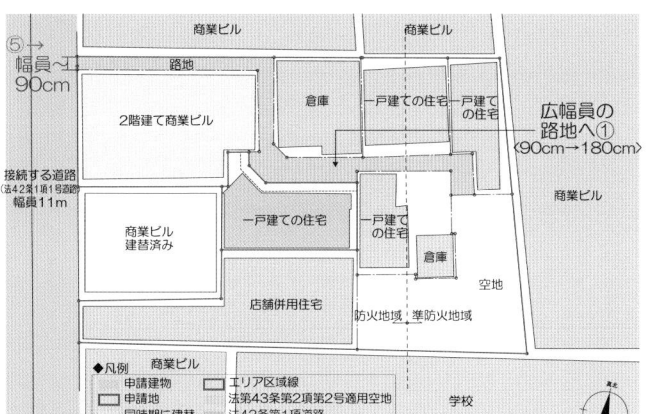

◇第二期

学校の建て替えに合わせ、学校に接した住宅の建て替えを実施。
その際に敷地の統廃合により密集地の安全性が高まるという観点からミニ区画整理（住宅地の統合）を実現。

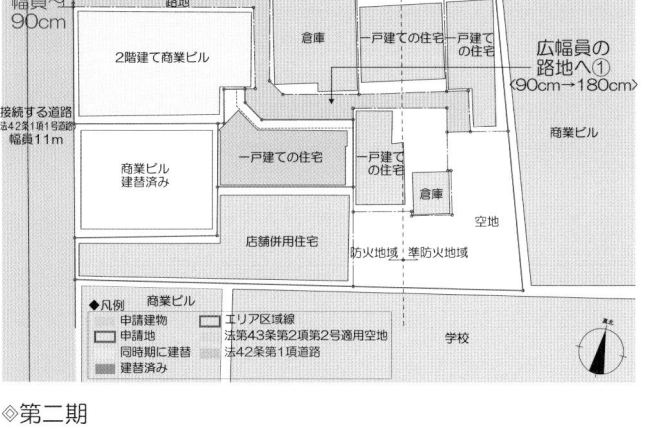

◇従前写真

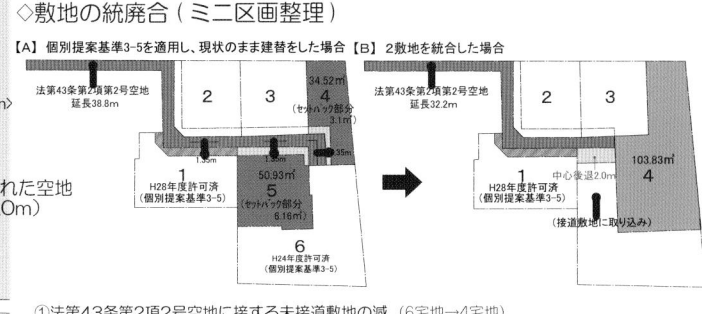

◇従後写真

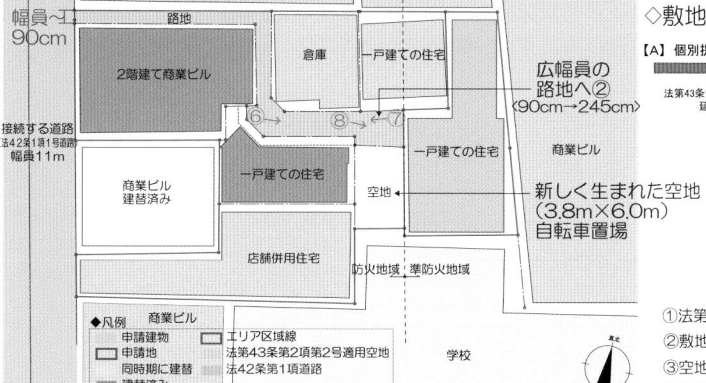

◇敷地の統廃合（ミニ区画整理）

【A】個別提案基準3-5を適用し、現状のまま建替をした場合　【B】2敷地を統合した場合

①法第43条第2項2号空地に接する未接道敷地の減（6宅地→4宅地）
②敷地面積の増（34.52㎡，50.93㎡→103.83㎡）
③空地延長の減（38.8m→32.2m）
④後退距離の増（中心1.35m→中心2.0m）

□AAY30年間のまちづくり　―まちのひとびとと考え、行動し、まちの『自立』を目指す。

まちづくりは、1年、2年の短期間で結果が出るものではありません。5年、10年、20年のスパンでまちのひとびとと一緒に考え、一緒に行動し、それぞれまちの抱える固有の問題を導き出し、そして解決していかなければなりません。したがって、まちづくりの実績を語るうえでは、まちのひとびとと一緒に考え行動した『成果：リジェクト』は当然のことながら、その『経過：プロセス』も非常に重要であると考えています。30年間のAAYにおけるまちづくりへの取組みは、主に『住環境デザイン』、『商環境デザイン』の2つに分類できます。

約20年前から横浜市まちづくりコーディネーターとして多くの地区で活動支援を継続しています。

約5年前からはマンション・団地再生コーディネーターとして各団地の再生検討支援をしています。

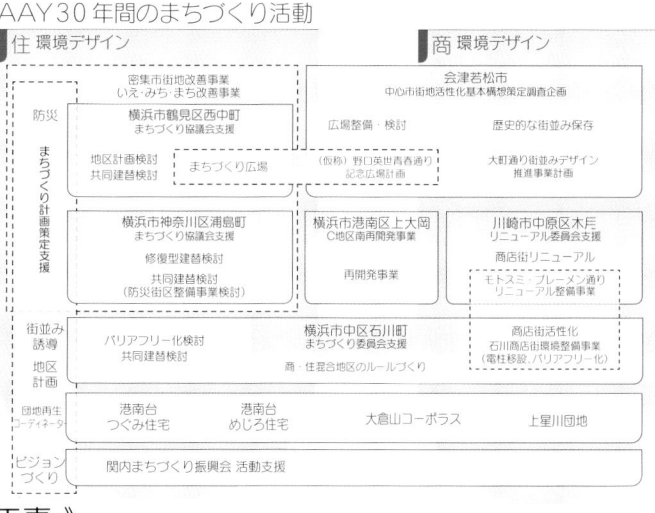

AAY30年間のまちづくり活動

《 モトスミ・ブレーメン通り商店街 リニューアル整備工事 》

駅前アーチ
〜未来に向かって飛翔するブレーメン音楽隊〜
元住吉駅前では4匹のキャラクターがみなさんをお出迎え!!

キャラクター平板
キャラクターで4つのブロックを確認できる!
交差点には4匹が一緒に!

サインゲート
通りの連続性を演出し、夜間は柔らかい光で街を包む、ブレーメン通りの新しい顔です。

《 石川商店街環境整備事業と活性化の取り組み 》

元町商店街に続く石川商店街では、歩きやすく、まちの活性化につながる車道、歩道、サイン、街路灯、ベンチなどのリニューアル工事を行いました。
テーマの設定「港へつながるまち、未来へつなげるまち石川町」のために
①滞留型商店街の実現
②地域参加型イベントの定期開催
③歩道拡幅と電柱移設
④来街者増加・売上げ増

◆桟橋整備検討支援
石川町亀の橋付近での桟橋整備に向けて検討を行い、桟橋整備構想作成の支援をしています。

街路整備平面図

《 横浜市 鶴見区市場西中町および神奈川区浦島町 密集住宅地の防災まちづくり支援事業 》

◆防災まちづくり計画図作成支援（市場西中町）

◆防災まちづくり計画図作成支援（浦島町）

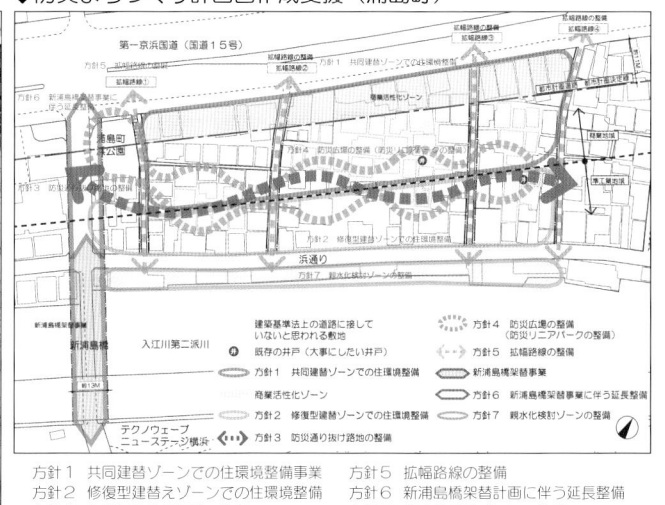

方針1　共同建替ゾーンでの住環境整備事業　　方針5　拡幅路線の整備
方針2　修復型建替ゾーンでの住環境整備　　　方針6　新浦島橋架替計画に伴う延長整備
方針3　防災通り抜け路地の整備　　　　　　　方針7　親水化検討ゾーンの整備
方針4　防災広場の整備

アーキテクト・アソシエイツ・ヨコハマの仕事・30年

弊社は2021年1月に設立30周年を迎え、それを記念して2021年5月18日〜5月24日の7日間、みなとみらいギャラリーにて「設立30周年記念仕事展　アーキテクト・アソシエイツ・ヨコハマの仕事・30年」を開催いたしました。期間中は多くの方々にご来場いただき、ご祝辞や激励のお言葉を頂戴しました。

ごあいさつ

　弊社は1991年（平成3年）に設立しました。その時に作った経歴書に次のように書きました。「私たちがいつも考えていることは、いかにして『その地の環境に同化し、存在感のある建築を作るか』ということです。それは、その地の『自然・ひと・文化』を手掛かりにして考えることであり、その結果自然と導き出される『かたち』だと信じています。また、建築は大量生産できず、どちらかといえば手づくりに近いものですが、出来てしまうと長い間存在し続けるものです。そこには、当然手作りの面白さと同時に人々や環境に対する重い責任も負っていると思います」

　この思いで作品を作り続けて30年経ちました。この間、建築の果たす役割はますます重要になってきています。低炭素社会や脱温暖化社会を目指した省エネルギー技術や環境配慮技術を駆使し、各種負荷の少ない建物を生み出すことが必要ですし、「コンパクトシティ」やストックマネジメントとしてのリノベーションやコンバージョンの機会も増えています。さらに、維持管理や大規模修繕に配慮した設計姿勢が求められていますし、現実に耐震診断・耐震改修等も増えています。

　30年間の間に考え、実現出来た仕事をまとめました。皆様にご紹介させていただくと共に私達のこれからの設計活動の再出発のための課題確認や新たな目標設定の機会にしたいと思います。

2021年5月吉日
株式会社アーキテクト・アソシエイツ・ヨコハマ
代表取締役　　平山　正義
　　取締役　　諏訪　剛／村屋　羊
　　監査役　　湖出　岳／廣田　正裕
　　　　　　　太田　敏之／岩本　義晴／麻生　千穂／冨田　幸成
　　　　　　　三浦　美雪／奥谷　史彦／藤本　桃子／内澤　慧七

会社概要

設立年月日	平成3年（1991年）1月25日
商　号	株式会社アーキテクト・アソシエイツ・ヨコハマ
	〒220-0021
	横浜市西区桜木町5丁目24番3号　サンワビル4階
	TEL：045-201-7062
	FAX：045-201-7176
	E-mail：info@aa-yokohama.co.jp
	URL：www.aa-yokohama.co.jp
登　録	一級建築士事務所　神奈川県知事登録　第7806号
社員数	12名（内 技術系11名/事務系1名）

合同会社tentの新村繭子様のプロデュースにより、Atelier Dew西澤希生様のフラワーアート（写真左）、grobe株式会社吉田健二様のZASSO（写真右）、及び松井勇介様の当冊子の表紙イラストに御協力いただきました。

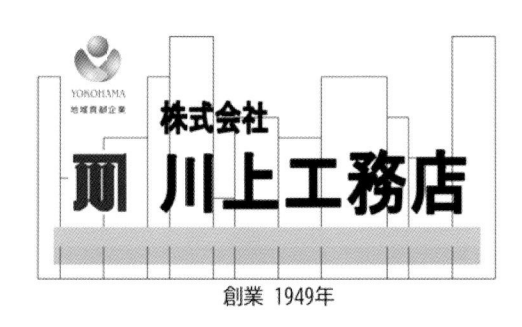

多田企画株式会社

〒231-0014 横浜市中区常盤町2-20ヴェラハイツ関内605
TEL.090-1856-5430 FAX.050-3153-0409

株式会社K&Mホールディング

〒245-0051 横浜市戸塚区名瀬町2009
TEL.045-443-5432　FAX.045-443-5431

地域社会の快適な空間作りに信頼の技術を活かします。

事業内容／冷暖房・空調設備工事、給排水衛生工事、消火設備工事、各種配管設備工事

MORIYA 株式会社 **モリヤ総合設備**

代表取締役　森　正雄

〒245-0002　神奈川県横浜市泉区緑園2-9-4　TEL 045-813-0123　FAX 045-813-0002　URL http://www.moriya-ss.co.jp

NARA
桝谷設計60周年
SINCE1960-2020
桝谷設計 著　定価:本体2,000円+税
ISBN978-4-86035-756-6
C0052　￥2000E

TOKYO
豊建築事務所 WORKS
60th ANNIVERSARY
豊建築事務所 著　定価:本体1600円+税
ISBN978-4-86035-757-3
C0052　￥1600E

YOKOHAMA
アーキテクト・アソシエイツ・ヨコハマ
創立30周年特集
アーキテクト・アソシエイツ・ヨコハマ 著　定価:本体1200円+税
ISBN978-4-86035-758-0　C0052　￥1200E

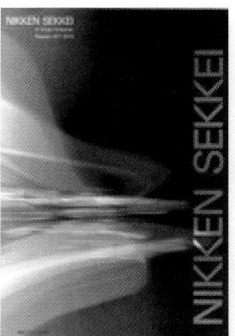

TOKYO
村井敬特集
ANABASIS 時を刻む建築たち
村井合同設計 著　定価:本体1,800円+税
ISBN978-4-86035-751-1
C0052　￥1800E

NAGOYA
NIKKEN SEKKEI
& Group Companies Nagoya
2011-2015
日建名古屋 著　定価:本体2,400円+税
ISBN978-4-86035-752-8
C0052　￥2400E

TOKYO
プラスPM 創業30周年記念特集
建設費高騰の時代
経営者の目線で
建設プロジェクトを推進する
プラスPM 著 定価:本体1,112円+税
ISBN978-4-86035-754-2
C0052　￥1112E

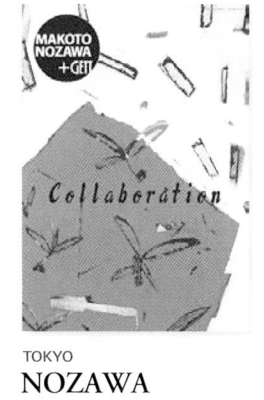

TOKYO
NOZAWA
MAKOTO+GETT
collaboration
NOZAWA MAKOTO+GETT 著
定価:1,297円+税
ISBN978-4-86035-755-9
C0052　￥1297E

建築ジャーナル別冊

アーキテクト・アソシエイツ・ヨコハマ創立 30 周年特集

2021年10月12日第一版第一刷発行

著　　　者　株式会社アーキテクト・アソシエイツ・ヨコハマ

編集・発行　企業組合建築ジャーナル

　　　　　　〒101-0032
　　　　　　東京都千代田区岩本町 3-2-1 共同ビル（新岩本町）4F
　　　　　　TEL.03-3861-8101 FAX.03-3861-8205

印刷・製本　モリモト印刷株式会社